AF262380

LES
Prolétariennes

Lettres ouvertes aux Ouvriers

PAR

LAFRANCHISE

Aimons-nous, aidons-nous.

*A mon camarade de travail
J. Servolle.*

QUATRIÈME LETTRE

Mes Chers Amis,

Nous avons vu ensemble, dans ma dernière
lettre, les ravages de l'alcoolisme dans les
budgets ouvriers, nous allons examiner dans
celle-ci les fausses dépenses auxquelles sont
tout particulièrement enclins, entraînés, les
employés. Nous avons signalé combien leur
situation, pour paraître plus brillante, est
pourtant beaucoup moins assurée que celle des
premiers.

En effet, l'ouvrier ayant un état possède un
capital réel ; l'employé n'a que la jouissance
d'un capital éphémère pendant qu'il trouve à

s'employer. Cependant, d'après l'opinion de notre manière de vivre actuelle, l'employé se croit au-dessus de l'ouvrier. Ce mot employé est un titre auquel on tient beaucoup. Etre employé, cela veut dire qu'on ne travaille pas de la même manière que l'ouvrier. On ne se sâlit pas autant les mains, on porte des chemises blanches, on a l'air un peu bourgeois. Bref, un minable employé de bureau, gagnant de 12 à 1.500 francs à l'année, se croit plus qu'un bon ouvrier dont le salaire varie de 40 à 80 francs la semaine et atteint de 2.500 à 3.000 francs par an. — Ce sont des préjugés funestes qu'il importe de signaler et de combattre.

Il faut que les parents besogneux, si besogneux soient-ils, se persuadent bien d'une chose : c'est qu'en donnant un métier à un enfant, on lui donne réellement une propriété ; et que s'ils font des sacrifices pour que leurs enfants apprennent à lire et à écrire, ils doivent achever ces sacrifices en dotant au moins leurs enfants d'un état. Je veux parler d'un métier manuel en rapport, autant que possible, avec les facultés intellectuelles et les forces physiques de l'adolescent. — Ici, comme d'ailleurs dans mes précédentes lettres, je parle par expérience. Je me souviens (on me permettra ce retour en arrière), qu'étant ouvrier boulanger à l'Horme, près de Saint-Chamond, j'étais en contact permanent avec les employés et ouvriers des importantes fonderies installées dans cette localité. Je me souviens, dis-je, qu'à la fréquentation des uns et des autres j'avais observé cette différence de façon de vivre très prononcée. Les employés avaient leur pension spéciale et se tenaient continuellement à l'écart des ouvriers.

A cette époque, comme j'avais déjà arrêté dans mon esprit le projet de quitter mon état, j'eus la tentation de faire une demande pour entrer aux forges comme employé de bureau et je la fis. Elle n'eut pas de suite heureusement, car je n'avais pas alors l'instruction nécessaire, mais je sus néanmoins, m'en étant informé, qu'au cas où ma demande eût été acceptée, j'aurais tout au plus débuté à 60 ou 80 francs par mois. Avec cette modique somme il eût fallu et me nourrir et m'entretenir. Or, comme ouvrier, je gagnais 40 francs nourri et blanchi. C'était donc une véritable étourderie que j'allais faire, et d'autant moins excusable que j'étais à la veille de partir au régiment où j'aurais besoin de mes minces économies, attendu que mes pauvres parents ne pouvaient nullement me venir en aide.

Pourquoi donc voulais-je ainsi quitter mon métier ? Eh ! mon Dieu, c'était évidemment parce que je savais, comme je l'ai dit dans ma première épître, que je n'aurais jamais assez d'argent pour m'acheter un fonds et que je ne pouvais rester toute ma vie ouvrier boulanger ; mais, je voulais être employé de bureau aussi, je puis bien le dire, parce que, étant jeune homme, je voyais que toutes les jeunes filles de la région voltigeaient autour d s commis des usines comme des papillons voltigent autour des lampes, quitte à se brûler les ailes.

Oui, les jeunes filles les plus sérieuses se laissent hanter par le désir d'épouser un employé avec qui elles risqueront de supporter des privations, plutôt que d'épouser un brave ouvrier aux mains rudes qui leur donnerait le confortable. Ce que je vis d'une façon aussi frappante dans cette petite localité, je l'observe encore aujourd'hui dans notre grande cité lyonnaise. — Employés et ouvriers forment donc deux classes bien distinctes.

Je ne veux pas être moins sincère, moins juste envers les employés, mes camarades d'aujourd'hui, que je l'ai été dans ma dernière lettre envers les ouvriers, mes camarades d'hier, et je leur dirai que si la misère est chez quelques-uns de nous moins criarde, moins apparente que chez quelques ouvriers, elle n'y fait pas de moindres ravages, elle n'y compte pas moins de victimes. — Cela, je puis le dire, je le sais, je l'ai vu pendant que j'étais dans une maison de vente à crédit. Si la plus hideuse plaie chez les travailleurs manuels est celle de l'alcoolisme, chez nous c'est la vanité de paraître, l'orgueil de faire genre qui nous perd, car c'est cette sotte vanité qui nous pousse à ne pas redouter le crédit, c'est-à-dire la dette qui, finalement, nous enserre dans ses liens comme des forçats aux galères. Nous avons trop de frais en vêtements et en appartements. De besoins qui sont très souvent factices nous nous faisons des nécessités. — Eh quoi ! me direz-vous, nous ne pouvons pas aller avec une blouse ou des sabots faire la vente dans nos magasins, tenir un guichet dans nos maisons de banque, occuper n'importe quel poste dans une étude d'huissier, de régisseur, d'avoué ou de notaire ? D'autre part, comme appartements pour recevoir les amis, il faut bien une salle à manger, un modeste salon, une chambre à coucher et un cabinet à toilette pour madame ?

A cela je réponds : oui, *si vous pouvez vous l'offrir.* — J'exagère à dessein en parlant de blouse et de sabots. — Il faut certainement ce qu'on appelle une tenue décente. Mais si la tenue a ses exigences, il n'en est pas de même des appartements et surtout des cabinets à toilette ou des toilettes de madame.

On peut me dire ici : « Aujourd'hui toutes ces choses sont à si bon marché que ce n'est vraiment pas la peine de s'en passer ; d'ailleurs on peut acheter cela par versements mensuels et on ne s'en aperçoit même pas. » Je sais, mes chers camarades, que jamais il n'a été plus facile qu'à présent d'acheter à crédit; mais c'est justement pour cela que je vous crie : casse-cou, prenez garde à la *dette* si vous voulez éviter l'esclavage. Et il est à propos ici que je recourre encore à mon expérience personnelle pour vous dire pourquoi on nous vend si facilement à crédit. En quittant le professorat, je suis entré, ainsi que je l'ai mentionné dans ma première lettre comme employé dans une maison de vente à crédit. Cette maison a son siège à Paris, mais elle a des succursales par toute la France. Je vais vous raconter ses débuts. De 1880 à 1885 elle installait dans deux ou trois villes des petits dépôts de marchandises : couvertures de laine, tricots, vêtements, etc., et par l'intermédiaire de courtiers passant avec un ballot à domicile, elle vous livrait un objet de 20 francs contre un premier versement de 2 ou 3 francs en vous faisant signer l'engagement de verser le surplus à 1 franc par semaine. Si c'était un objet valant 50 francs elle vous faisait verser 5 ou 10 francs et 2 francs par semaine. Peu à peu aux vêtements elle joignit la literie, les meubles, etc. Ses dépôts se transformèrent successivement en superbes magasins ; d'autres maisons voyant celle-ci si bien réussir, suivirent son exemple. Si bien qu'en moins de vingt ans une dizaine de maisons de ce genre se sont installées dans notre ville et dans toutes les principales villes de France. Ceux qui ont eu les premiers l'initiative de ces sortes de ventes à CRÉDIT sont actuellement riches à millions et étendent sur le pays entier leur funeste industrie.

C'est sciemment que je dis industrie funeste, car c'est la pratique de l'usure éhontée qui produit de pareils résultats. Les marchandises qu'ils vous vendent 50 francs leur en coûtent à peine la moitié. Comment voudriez-vous qu'ils ne fassent pas fortune? Et notez bien qu'ils ne vendent qu'à ceux dont ils ont de bons renseignements, par des agents qu'ils envoient aux informations, et ainsi l'assurance d'être payés. Mais qui donc, me direz-vous, peut acheter à ces maisons ? Hélas! ils sont légions les ouvriers ou employés qui manquent de prévoyance et se laissent tenter par ces facilités menteuses et ruineuses. Ces jours derniers, j'ai encore été témoin d'une affaire profondément écœurante par le cynisme qu'elle m'a dévoilé chez ces vendeurs à crédit. Une prétendue banque parisienne vend des obligations de la ville de Paris payables par mensualités. Celle dont il s'agissait était de l'emprunt 1871. elle vaut dans les environs de 410 francs. Eh bien ! ladite banque a trouvé un naïf qui l'a payée 600 francs, parce qu'on lui en a fait connaître le numéro de suite et qu'il avait droit aux tirages à partir du jour où il a eu versé dessus une somme de 20 francs, en s'engageant à payer le reste par cinquante-huit versements de 10 francs. Bref, le pauvre diable a versé déjà 160 francs, et il est encore obligé de verser prés de 450 francs pour obtenir *un titre* définitif qui est susceptible d'être remboursé à 400 francs. N'est-ce pas absolument monstrueux ? Et pourquoi tolère-t-on ces commerces où l'usure frise de près l'escroquerie ? « Couche-toi plutôt sans souper que de te lever avec des dettes, a dit le sage. » Oh ! comme on trouve que cela est surtout vrai de nos jours. — La dette est comme un engrenage où se prendrait un doigt, après le doigt c'est le bras, après le bras c'est le corps tout entier qui y passe.

Mon père m'a souvent répété les paroles suivantes que je n'oublierais jamais : « Souviens-toi, mon enfant, que les riches apprennent à vivre aux pauvres. » Plus j'avance dans la vie, plus je vois combien elles sont vraies. Vivant depuis une dizaine d'années au milieu d'un public où il n'est question que de placements de capitaux, des difficultés des bons placements, du peu d'intérêt que rapporte l'argent, j'apprécie chaque jour combien ceux qui vivent de leurs rentes apportent plus de soin que nous à gérer leurs revenus. Les grandes fortunes ne sont pas très nombreuses. — Celui qui n'a que 100.000 francs ne peut pas dire à présent qu'il est riche, car il ne peut guère espérer plus de 3 000 francs de revenus par année s'il ne veut pas exposer son capital. Or, 3.000 francs par an c'est 250 francs par mois seulement. Et si un tel rentier a cinq ou six personnes à sa charge, il ne lui est que juste possible de vivre médiocrement. Dans un certain sens, nous autres ouvriers et employés qui avons passé par la gêne, par les difficultés innombrables que l'on doit surmonter avant d'arriver à une situation à peu près assurée, sommes moins soucieux du lendemain que ces rentiers qui n'ont pas connu les difficultés aiguës de l'existence, parce que nous savons que si nous redescendons nous nous retrouvons au point de départ, tandis qu'eux croient tomber dans un précipice. C'est là, il me semble, la raison de leur prudence extrême et de notre trop grande imprévoyance. Pourtant, s'il en est dont l'avenir doit être inquiétant, c'est bien le nôtre à nous employés : entraînés par les influences ambiantes à des dépenses hors de proportion avec nos ressources, nous sommes à la merci du premier chômage et de la première maladie.

Il en est très peu qui, même célibataires, sachent et puissent économiser assez pour mener sans s'endetter la vie large à laquelle ils se croient obligés. Et pensez-vous que parmi ceux qui se marient il en est beaucoup qui sachent vivre économiquement sans faire de dettes ? Trop souvent parmi nous il en est qui visent à épouser une fille ayant une dot. Et celui qui prend une femme ayant de 10 à 20.000

francs semble faire un brillant mariage. Or, la rente que produit une telle dot représente seulement 5 à 600 francs par année. Si donc, la jeune femme ayant cette dot se croit par cela dispensée des occupations qui constituent la bonne ménagère, telles que blanchissage ou tout au moins raccommodage du linge, achats directs aux marchés des aliments nécessaires à la cuisine quotidienne ; si, jeune mère, elle craint de nourrir et de soigner elle-même son enfant, elle occasionnera à son mari, par suite de son manque de savoir faire, des dépenses bien supérieures aux modestes revenus que procure sa dot. De plus, si cette jeune femme est coquette, si elle se croit obligée de suivre la mode, elle aura à peine, avec les revenus de 20.000 francs de quoi s'acheter ses chapeaux.

Nous conseillerions donc au jeune homme qui a un emploi d'épouser plutôt une ouvrière intelligente et travailleuse, couturière, brodeuse, lingère, etc., etc., qu'une dot fût-elle de 20.000 francs ; quelle est la jeune femme qui, ayant un état, ne se ferait pas 600 francs par son travail ?... Indépendamment des graves inconvénients qu'il y a d'épouser une femme plus riche que soi, il y en a de non moins graves à épouser une personne n'ayant pas reçu la même éducation et se croyant par cela autorisée à se désintéresser des soins de ce ménage, qui est pourtant tenu, non par ses revenus, mais par le produit du travail quotidien du mari.

Telles sont les principales défectuosités concernant notre façon de vivre actuelle que j'ai cru utiles de signaler.

Quelques-uns d'entre mes lecteurs trouveront sans doute que ces diverses observations que j'ai recueillies le long de mon existence d'ouvrier et d'employé n'ont rien de frappant et ne méritaient pas de faire l'objet d'un ouvrage sur la question sociale.

Plusieurs diront certainement: « Mais nous en savons autant que toi sous ce rapport, et les réflexions que tu fais, nous les avons faites nous-mêmes très souvent. Mais ce n'est pas là ce que nous appelons la vraie question sociale. Elle nous paraît plus extraordinaire. Quant à nous, nous agissons selon les habitudes de notre milieu, c'est-à-dire que nous vivons comme tous les camarades en évitant de nous faire remarquer. Si nous avons un peu de luxe et si les moins rétribués d'entre nous s'adressent aux maisons de vente à crédit pour se le procurer par des versements échelonnés mensuellement ou annuellement, c'est qu'il ne leur est pas facile de se soustraire aux obligations qui découlent de leur titre d'employé. »

Pour répondre à ces diverses objections, je dirai qu'en effet les observations que j'ai recueillies le long de mon existence d'ouvrier ou d'employé, sont très simples, très ordinaires. Ce sont des remarques que beaucoup de mes camarades font et que presque tous seraient à même de faire. Mais peu auraient peut-être les loisirs, la persévérance, la réflexion nécessaires pour en faire le classement, pour distinguer que ces multiples détails sur les mœurs des classes travailleuses sont les côtés les plus petits sans doute, mais les plus essentiels à mettre au jour, en pleine lumière, pour éclairer la question sociale. — Car ce sont de ces multiples petits faits que découlent les grandes causes.

De quoi, murmure l'ouvrier, de quoi se plaint l'employé?... Tous deux de l'insuffisance des salaires. Or, il n'est pas besoin d'être bachelier, comme on dit, pour savoir que les salaires ont beaucoup augmenté depuis un demi-siècle, pour la généralité de la main-d'œuvre des hommes, tout au moins. D'où vient donc qu'on se dit si malheureux ? C'est, je ne crains pas de le proclamer hautement, qu'on n'a plus les mêmes goûts de sobriété et de simplicité que par le passé. On me dira : la vie est plus chère. C'est vrai, mais c'est justement parce qu'elle est chère qu'il faut savoir la régler avec plus de prévoyance. C'est justement pour satisfaire à ses nécessités impérieuses qu'il faut supprimer les faux besoins.

Pourquoi la vie est-elle plus chère ?... C'est surtout parce que dans les villes importantes nous, les habitants, devons, pour nous alimenter, recourir à un grand nombre d'intermédiaires au lieu de nous adresser directement aux producteurs. Par suite, il faut que nous payons non seulement la marchandise mais encore le tant pour cent du salaire de celui qui nous la procure. — C'est ici que les sociétés coopératives trouvent leur raison d'être et qu'elles peuvent rendre de signalés services pour les objets de première nécessité, tel que le pain et le vin. Malheureusement l'administration desdites sociétés laisse trop à désirer. Le contrôle en est difficile. Néanmoins, tout imparfaites qu'elles soient, elles n'en sont pas moins de la plus grande utilité. Elles méritent à tous les points de vue d'être encouragées et multipliées. On est partisan de la liberté du commerce à outrance ; on dit que la concurrence en est l'âme, et que cette concurrence est toute au profit de l'acheteur.

Il faudrait pourtant bien examiner cette question de près. Il est évident, incontestable, que les grands magasins se sont multipliés et qu'ils vendent meilleur marché que les petits magasins d'autrefois. Mais vendent-ils des marchandises d'aussi bonne qualité ? Je ne le crois pas. Les progrès de la mécanique et de la chimie ont certainement transformé l'industrie du vêtement, de l'ameublement et beaucoup d'autres. Aux petites maisons séculaires de vente du temps jadis ont succédés ces brillants et spacieux halls de nos jours. Et nous ne semblons même qu'au début de cette transformation, car les sociétés anonymes monopolisant le gros commerce ne font que de naître. Mais tout ceci sera-t-il pour ou contre nous, employés et ouvriers ? Voilà ce que je vais examiner dans une de mes prochaines lettres.

En terminant celle-ci, revenons donc aux questions que j'ai posées en la commençant. J'ai insisté sur la question d'instabilité de l'employé. Si la maison dans laquelle il est occupé fait ses affaires, on le garde ; mais aussitôt que cela ne va plus, c'est la mise à pied par fournées. L'ouvrier n'échappe pas non plus à ce chômage, surtout l'ouvrier des usines qui occupe un poste ne nécessitant pas de connaissances spéciales, tels que les mineurs, manœuvres, etc. C'est pourquoi, lorsqu'on a des enfants, il est de la plus haute importance de leur donner un métier se rapportant surtout à la fabrication des articles de première nécessité, à ces choses dont on ne peut pas se passer, telles que les aliments ou les vêtements, les variétés en sont innombrables. Quant à l'employé, je ne saurais trop lui conseiller de s'attacher à une maison sérieuse, où il sera connu et où il sera en rapport direct avec le patron, où ses capacités son activité au travail pourront être appréciées et récompensées. C'est à lui surtout qu'il appartient d'être honnête, délicat, laborieux, intelligent, capable pour une et, s'il se peut, pour plusieurs spécialités. C'est lui que je voudrais voir, pendant ses loisirs, s'occuper à perfectionner son instruction ; car, entre tous, il a besoin d'une instruction solide. C'est lui encore qui peut s'occuper sérieusement de la question sociale en ce qu'elle a de réalisable et de pratique, je veux dire de non politique. D'ailleurs, je dois rendre justice aux employés de commerce lyonnais et les féliciter d'avoir su constituer des sociétés non pas uniquement de secours mais de solidarité mutuelle ; sociétés qui ont pour but non seulement de venir en aide à leurs membres malades, mais d'aider les associés déplacés à se procurer un emploi. C'est là un des plus grands services que peut rendre une société fraternelle ; car, pour l'homme de notre condition, le chômage est l'équivalent d'une maladie par ses funestes effets sur le modeste budget familial. Nous ne saurions trop recommander la mutualité sous toutes ses formes aux employés, ainsi que nous l'avons recommandée aux ouvriers, mais toujours avec la condition essentielle qu'on y évite ce qui divise le plus les hommes entre eux, j'entends parler encore une fois de la politique. — Il faut à tout prix qu'elle en soit exclue.

J'ai dit un mot en passant des sociétés coopératives, ce mot ne suffit pas. J'y reviens donc et je me permets de faire part de mes observations toutes personnelles.

Pendant longtemps j'ai dû, pour une raison ou pour une autre, recourir aux intermédiaires pour la nourriture et l'entretien de ma famille. C'était la période la plus difficile de mon existence. J'entends par là le moment où ayant deux enfants en nourrice et leur mère continuellement malade, je devais suffire à tous les frais du médecin et autres avec une modeste journée de 4 francs par jour. J'étais donc obligé de prendre à crédit pendant le mois en attendant la paye ; j'étais obligé même de ne pas marchander, trop heureux que l'on ne me refusât pas le crédit. Eh bien ! à cette époque difficile, si j'avais connu le fonctionnement des coopératives j'aurais pu en faire partie et éviter les conditions draconiennes que j'étais obligé de subir.

S'approvisionnant directement aux centres de production, les sociétés coopératives peuvent fournir à leurs adhérents une économie de 20 à 30 %, c'est-à-dire qu'elles seules sont un des meilleurs soutiens des classes travailleuses. — Tous ceux qui vivent du salaire quotidien doivent ainsi s'étudier à conserver ce salaire. Et pour cela, autant j'ai conseillé à l'ouvrier de rester chez lui pour ne pas fréquenter les cafés enfumés, autant je conseille ici aux employés d'éviter les dépenses superflues.

Voici quelques extraits d'un petit livre : *La Science du bonhomme Richard*, qui termineront cette lettre fort à propos :

« L'orgueil de la parure est une malédiction ; avant de consulter ta fantaisie consulte ta bourse. L'orgueil est un mendiant qui crie aussi haut que le besoin et qui est bien plus insatiable. Si vous avez acheté une jolie chose, il vous en faudra dix autres pour que rien ne jure. Voulez-vous savoir le prix de l'argent, cherchez à en emprunter : qui cherche un prêteur cherche un crève-cœur. Le pauvre qui veut singer le riche est aussi fou que la grenouille du fabuliste qui voulait s'enfler comme le bœuf. Les folies de l'orgueil sont bientôt punies car, comme dit le bonhomme Richard, l'orgueil qui dîne de vanité soupe de mépris. L'orgueil déjeune avec l'abondance, dîne avec la pauvreté et soupe avec la honte. Et après tout, que retire-t-on de cet orgueil de paraître pour lequel on risque tant, on souffre tant ? Il excite l'envie et accélère la ruine. Qu'est-ce qu'un papillon ? Ce n'est tout au plus qu'une chenille habillée, et voilà ce qu'est le petit-maître. Quelle folie de s'endetter pour des superfluités. Peut-être vous croyez-vous en ce moment dans un état d'opulence qui vous permet de satisfaire une petite fantaisie impunément, mais épargnez pour le temps de la vieillesse et du besoin pendant que vous le pouvez. *Le soleil du matin ne dure pas tout le jour.* Le gain est passager et incertain ; mais tant qu'on vit la dépense est constante et certaine. Gagnez ce que vous pouvez, gardez bien ce que vous gagnez : voilà la pierre philosophale qui changera votre plomb en or, et quand vous possèderez cette pierre-là vous ne vous plaindrez plus de la rigueur du temps ni de la difficulté de *payer les impôts.* »

Et le bonhomme Richard ajoute encore : « Cette doctrine, mes amis, est celle de la raison et de la prudence. Mais ne vous fiez pas uniquement à votre travail, à votre économie, à votre prudence, quoique ce soient d'excellentes choses ; car sans les bénédictions du Ciel, tout cela vous sera inutile. Demandez donc humblement ces bénédictions ; ne soyez pas sans charité pour ceux à qui elles sont refusées. Consolez-lez, venez-leur en aide. Souvenez-vous que Job fut pauvre et qu'ensuite il retrouva le bonheur et l'opulence. »

Je n'ai pas cru devoir ne pas citer en entier, mes chers camarades, les belles maximes du bonhomme Richard, même en ce qui a rapport à la Providence-divine. — Souvenez-vous, en effet, que de tous les temps et dans tous les pays ceux qui ont mérité le titre de sages et de bienfaiteurs de l'humanité ont été des croyants. Le bonhomme Richard, qui n'est autre que l'illustre Benjamin Franklin, ne pouvait pas faire exception à la règle.

Je termine cette lettre en vous invitant à méditer sur les préceptes si sages qu'il a donnés aux hommes de son temps ainsi qu'à ceux de tous les temps; car l'homme, pendant que les siècles marchent, reste foncièrement, naturellement le même. — Les deux principes du bien et du mal qui ont toujours été dans sa nature y seront certainement toujours. Il aura donc, tant qu'il sera sur notre planète, à cultiver le bien et à combattre le mal pour rester au-dessus des animaux et ainsi le roi des créatures, le chef-d'œuvre de Dieu.

Maintenant que je me suis occupé de la situation des ouvriers et des employés, il ne sera que juste de m'occuper de la condition actuelle des ouvrières et employées, nos compagnes de travail.

Je dois dire qu'à mon point de vue la situation qui leur est faite devient de plus en plus critique, de plus en plus inquiétante; d'abord, parce que si les salaires des hommes ont augmentés, comme je l'ai dit, ceux des femmes sont, au contraire, devenus absolument dérisoires; ensuite, parce que la corruption des mœurs que j'ai signalée et stigmatisée en parlant des progrès de l'alcoolisme dans la classe ouvrière, expose la jeune fille à des dangers de toutes sortes, qui ne font que grandir et se multiplier sous ses pas dans nos grandes villes.

Les observations que je transcrirai à ce sujet dans ma prochaine lettre montreront que les véritables victimes de l'alcoolisme et de notre manière de vivre soit-disant joyeuse, ce sont ou ce seront vos jeunes sœurs ou vos jeunes filles, ouvriers et employés mes camarades.

Pendant longtemps j'ai suivi, dans une statistique de Paris, la progression des naissances hebdomadaires, des légitimes et des non légitimes, et ces dernières qui s'élevaient à une moyenne de deux cent cinquante à trois cents malheureux petits êtres qui sont sans père en venant au monde m'ont véritablement épouvanté. — Trois cents bâtards par semaine et rien que pour Paris, c'est à dire cinquante-deux fois trois cents par an, soit quinze mille six cents enfants ; n'est-ce pas vraiment effrayant ? — Mettons que nous exagérons et qu'il y ait seulement dix mille de ces pauvres petits êtres pour deux millions d'habitants, cela nous donnerait, si la proportion était égale pour toute la France, cinq mille par million, soit cent quatre-vingt mille pour les trente-six millions d'habitants de notre pays. Là encore, diminuons si vous le voulez, et mettons qu'il n'y en ait que cent mille par an, n'est-ce pas encore un chiffre à faire réfléchir l'esprit le plus égoïste, l'homme le plus blasé, et à le forcer à reconnaître que la recherche de la paternité s'impose.

Mais je parlerai de cela en détail dans ma cinquième lettre prolétarienne.

LAFRANCHISE.

Lyon, Décembre 1898.

Lyon Imp. C. Alricy, cours Lafayette, 5

9 7 8 2 0 1 3 4 5 0 6 5 2